# 사재울 강가에서

# 사재울 강가에서

**초판 1쇄 발행** 2025년 7월 28일

**지은이** 한욱희
**펴낸이** 장길수
**펴낸곳** 지식과감성#
**출판등록** 제2012-000081호

**교정** 이주연
**디자인** 김희영
**편집** 김희영
**검수** 이주희, 정윤솔
**마케팅** 김윤길

**주소** 서울시 금천구 벚꽃로298 대륭포스트타워6차 1212호
**전화** 070-4651-3730~4
**팩스** 070-4325-7006
**이메일** ksbookup@naver.com
**홈페이지** www.knsbookup.com

ISBN 979-11-392-2720-8(03810)
값 12,000원

- 이 책의 판권은 지은이에게 있습니다.
- 이 책 내용의 전부 또는 일부를 재사용하려면 반드시 지은이의 서면 동의를 받아야 합니다.
- 잘못된 책은 구입하신 곳에서 바꾸어 드립니다.

지식과감성#
홈페이지 바로가기

강은 말을 하지 않습니다.   POEMMTS THE SENSE

晴海 韓旭熙 두 번째 시집

# 사재울 강가에서

## 시인의 말

  강은 말을 하지 않습니다.
  말없이 흘러가지만, 그 물살엔 계절이 실리고, 삶이 담기며, 수많은 이름과 풍경이 스쳐 갑니다. 그 강가에 저는 오랫동안 앉아 있었습니다. 사재울강, 이제는 지도에서조차 사라진 이름이지만, 제 마음속에서는 여전히 또렷한 물소리를 내며 흐르고 있습니다. 제가 첫 시집을 펴낸 뒤에도, 그 강은 멈추지 않았습니다.

  잊고 지내던 기억들이 어느 봄날 불쑥불쑥 물가로 걸어 나왔고, 먼지 쌓인 원고지를 다시 펼치게 했습니다. 세월이 흘러 몸은 낡고 늙었지만, 마음속 시냇물은 아직 마르지 않았습니다. 시는 저에게 돌아갈 길이었습니다. 세상 끝자락에서 어린 날의 저를 만나고, 제 곁을 떠나간 이들의 이름을 조용히 불러 보는 그 시간은, 그 자체로 고맙고 충분했습니다.

  이번 시집은 '추억'을 넘어서 '그리움'으로 향하고자

했습니다. 물속에 잠긴 고향의 전설, 그곳을 살다 간 사람들의 이야기와 한(恨), 무심한 풍경 속에 스며 있던 따스한 온기를 붙잡아 시로 엮었습니다. 이제는 이름마저 잊힌 이 작은 강이, 제 시 속에서는 다시 말문을 열기를 바랍니다. 말 없는 강이 전하는 이야기가 누군가의 마음속에 조용히 닿기를 바라는 마음으로, 한 줄 한 줄 적었습니다.

시는 제게 '삶을 되새김질하는 일'이었습니다. 시간은 제 어깨에 자꾸 무게를 얹었지만, 시를 쓰는 동안만큼은 마음이 새로워지고, 세상이 다정하게 느껴졌습니다. 그것이 제가 아직도 시를 쓰는 이유입니다. 누군가는 '늦깎이 시인'이라 부르지만, 저는 이 늦음 덕분에 더 진심 어린 시를 쓸 수 있게 되었다고 믿습니다. 마음은 단단해졌고, 눈물은 더 따뜻해졌기 때문입니다.

이 시집이 누군가에게 잠시 기대어 쉴 수 있는 나무 그늘이 되기를 바랍니다. 고단한 하루 끝에, 이름 없는 강가에 앉아 한 편의 시를 읽으며, 잊고 지낸 마음의 결을 다시 느낄 수 있다면, 그것만으로도 충분합니다. 저는 여전히 길을 찾는 시인입니다. 허름한 기억들을 바람에 띄우고, 그 속에서 오늘의 빛을 건져 올리려 애쓰는 노시인입니다.

　TV, 스마트폰, 유튜브, 카카오톡, 틱톡까지, 눈을 뗄 수 없는 화려한 화면이 세상을 압도하는 시대입니다. 그 눈부신 흐름 너머로 책을 찾는 손길은 점점 희미해졌고, 시집을 펼치는 눈길은 어느덧 깊은 어둠 속으로 스러져 갔습니다. 그럼에도 제가 다시 시집을 내는 까닭은, 언젠가 아주 먼 훗날, 그 어둠을 더듬어 다시 시의 불빛을 찾아 나서는 누군가가 나타날 것이라 믿기 때문입니다. 그날, 저는 우리나라, 이 시대의 마지막 서정 시인으로, 오래된 이름 하나로 남기를 바랍니다.

　묵묵히 나를 믿고 응원해 준 사위 유영욱, 며늘아기 윤은정, 딸 소영이, 아들 인규 그리고 자랑스러운 손주 유준상, 유윤상, 한세용, 한수용 형제에게 이 시집을 헌정합니다. 아픈 몸으로 헌신하며 평생을 함께해 준 아내 이정에게는 말로 다 하지 못할 고마움을 전합니다. 또한, 오랜 시간 시인의 길을 함께 걸어온 동작 문학 시 창작반 문우님들과 구로 문학 시 창작반 문우님들 그리고 시를 사랑해 주시는 독자 여러분께 깊이 감사드립니다.

사재울 강가에 조용히 앉아 지나온 나날을 떠올렸습니다. 그리고 비로소 알게 되었습니다. 살아온 그 모든 시간이 이미 시였다는 것을요. 이 시집은 삶이라는 강가에 오래 머물며 바라보고, 기다리고, 적어 내려간 기록입니다. 살아온 시간, 스쳐 간 사람들 그리고 머물다 떠난 계절들까지 어느새 내 안에서 시가 되어 흘러갔습니다. 『사재울 강가에서』를 읽는 당신의 마음에도 작은 물줄기 하나 흘러가기를……. 그리고 당신 하루 끝에 이 시집이 조용한 물소리처럼 머물기를 소망합니다.

**2025년 봄, 사재울 강가에서**
**晴海 韓旭熙**

# 추천사-1

## "본령에 가장 가까운 언어의 선물"

　정현종 시인은 "사람이 온다는 건 실은 어마어마한 일"이라고 말했다. 이 시집을 읽는다는 건 마치 한 사람을 깊이 마주하는 일처럼 느껴진다. 한욱희 시인은 무심히 흘려보내지 않고, 그 안에서 '사람'과 '삶'을 건져 올린다.

　한 권의 시집이 세상에 나온다는 건, 단지 인쇄된 종이 한 묶음이 아니라 한 사람의 삶을 통과한 감정과 기억, 침묵과 사유가 언어라는 옷을 입고 조심스레 독자 앞에 나서는 일이다. 『사재울 강가에서』는 바로 그런 시집이다.

　나는 이 시집을 처음 읽고 몇 번이나 눈을 들어 먼 곳을 바라보았다. 시 한 편 한 편이 오래된 흑백 사진처럼 마음에 스며들어, 잊고 지낸 감정들을 불러냈다. 작은 일상을 담담히 건져 올리면서도, 그 안의 생의 무게와 온기를 놓치지 않는 시인의 시선은 따뜻하고 깊다.

이 시에는 과장도, 허위도 없다. 삶을 통과한 사람만이 쓸 수 있는 단단한 문장들이다. 그가 건네는 말들은 조용하지만 분명하고 때론 슬프고 때론 다정하다. 이 시집은 어떤 것도 주장하지 않는다. 다만 낮고 미세한 떨림으로, 말끝을 흐리는 사람처럼 다가올 뿐이다.

시인은 바람 스친 풀잎처럼, 잊힌 것들, 말하지 못한 것들, 그러나 분명히 존재했던 것들에게 조용히 시선을 건넨다. 그 침묵의 울림이, 말보다 더 큰 위로가 되어 우리에게 닿는다. 그는 시로써 스스로 생을 조용히 더듬고, 그 진심을 언어라는 그릇에 담아낸다. 그리하여 시인은 말하는 대신 보여 주고, 전진하기보다 물러선다. 그것이 시인의 태도일 것이다.

무엇보다 이 시집은 '노년'이라는 생의 지층에서만 도달할 수 있는 통찰을 품고 있다. 자신의 삶을 허물없이 바라보고, 허물마저 따뜻하게 품는 용서의 품성. 『사재울 강가에서』는 한 시인의 고백을 넘어, 우리 모두의 삶에 대한 문학적 성찰로 읽힌다.

이 시집은 화려하지 않지만, 진실하고, 조용하지만 결코, 가볍지 않다. 문학이란 삶을 사랑하고 되새기며,

이별을 준비하는 일이라면 이 시집은 그 본령에 가까운 언어의 선물이다.

2025년 4월

安龍泰 詩人

## 추천사-2

## "삶을 견딘 언어가 찾아낸 조용한 기적"

한욱희 시인의 시는 화려하지 않다. 그러나 그 시에는 오래도록 삶을 응시해 온 사람만이 건져 올릴 수 있는 깊이가 있다. 두 번째 시집 『사재울 강가에서』는 바로 그 깊이에서 길어 올린 맑고 단단한 언어들로 가득하다. 비 오는 날의 냄새, 바람에 흔들리는 풀잎, 이른 새벽의 정적처럼, 우리가 쉽게 지나쳐 버리는 풍경들이 이 시인의 시에서는 따뜻한 시선으로 다시 태어난다.

시인은 강가를 거닐며 지나온 인생을 되짚고, 잊힌 이름들을 조용히 다시 불러 준다. "너도 나처럼, 잘 살아왔구나." 그 한마디 속에 그의 시가 품은 애정과 연민 그리고 응시의 태도가 고스란히 담겨 있다.

무엇보다도 이 시집은 진정성으로 빛난다. 결코, 평탄하지 않았던 삶의 여정 속에서도, 그의 시는 원망이나 슬픔이 아니라 감사와 사랑의 정서를 더욱 짙게 품고 있다. 그래서 이 시는 조용하지만, 더 깊이 울린다.

이번 시집의 시어는 유난히 단정하고 정직하다. 마치 강가의 잔물결처럼 조용히 번지면서도, 다 읽고 나면 문득 삶을 돌아보게 하는 힘이 있다. 시인은 무심히 지나치기 쉬운 풍경과 얼굴, 기척 없는 말들을 시로 불러내어 다시 생명을 불어넣는다.

『사재울 강가에서』는 시인이 70여 년의 삶을 꾹꾹 눌러쓴 연대기이자, 시간의 흐름 속에서 반짝이는 삶의 조각들이다. 그 조각들은 독자에게 조용히 속삭인다. "강가에 앉아, 잠시 쉬어 가도 좋다."라고.

이 시집은 오늘도 자신만의 '사재울강'을 그리워하는 이들에게 작은 등불이 될 것이다. 상실의 시대를 살아가는 우리에게 이 시집은 꼭 필요한 위로다. 그 안에서 우리는 잊고 있던 마음의 풍경과 다시 마주하며, 시가 건네는 손을 잡게 된다.

시는 이해받고 싶어서 쓴 것이 아니라, 기억하고 싶어서 쓴 것이라면, 이 책은 우리 모두의 '기억하고 싶은 순간들'을 위한 헌사이자 연대다. 슬픔을 품되 슬프지 않고, 외로움을 안고도 외롭지 않게 피어난 시들. 그런 시들이 이 시집 안에서 조용히, 마치 오래된 강물처럼 흐른다.

2025년 봄
南基昭 詩人

## 차례

| | |
|---|---|
| 시인의 말 (韓旭熙) | 4 |
| 추천사 1 (安龍泰) | 8 |
| 추천사 2 (南基昭) | 11 |

## 제1부 삶의 무게 (인생)

| | |
|---|---|
| 가을, 길 위에 서다 | 20 |
| 묵향의 길 | 21 |
| 대문참에서 나는 | 22 |
| 떠도는 구름처럼 | 24 |
| 재수 좋은 날 | 25 |
| 낭비한 시간들 | 26 |
| 붕어빵과 피자 사이 | 28 |
| 내 안의 그 | 29 |
| 천사의 날개 | 30 |
| 새우구이 | 32 |
| Torso | 34 |
| 잔디처럼 | 35 |
| 낯선 별들의 노래 | 36 |
| 커다란 인류애 | 38 |
| 지구의 눈물 | 39 |
| 매미 1 (침묵의 노래) | 40 |
| 매미 2 (매미, 영원을 부르다) | 42 |

## 제2부 바람의 노래 (자연)

| | |
|---|---|
| 목어 木魚 | 46 |
| 바람의 팔 | 47 |
| 천년의 소리 | 48 |
| 갯벌의 노래 | 49 |
| 은행잎 편지 | 50 |
| 풍란의 향기 | 52 |
| 남한산성에 올라 | 53 |
| 상수리나무의 묵언 수행 | 54 |
| 백운대에 서서 | 55 |
| 여름의 소리 | 56 |
| 새로운 왕국 | 58 |
| 바다의 노래 | 60 |
| 하늘의 눈물 | 61 |
| 자작나무의 기도 | 62 |
| 잠자리의 춤 | 63 |
| 안양천 1 (노을의 연가) | 64 |
| 안양천 2 (안양천 청둥오리) | 66 |

## 제3부 마음의 꽃 (사랑)

| | |
|---|---|
| The Kiss | 70 |
| 가시 사랑 | 71 |
| 능소화 | 72 |
| 사랑 아닌 사랑 | 73 |
| 비를 맞다 | 74 |

| | |
|---|---|
| 마지막 역에서 | 76 |
| 사랑의 여정 | 78 |
| 자작나무 아래서 | 79 |
| 그대 곁에서 | 80 |
| 연리지 | 81 |
| 영원의 강 | 82 |
| 우연의 선물 | 83 |
| 우물에 뜬 별 | 84 |
| 황금 나방의 꿈 | 85 |
| 가시의 새벽 | 86 |
| 관곡지 1 (관곡지, 지금) | 87 |
| 관곡지 2 (연꽃의 노래) | 88 |

## 제4부 추억의 물결 (고향)

| | |
|---|---|
| 맞아야 산다 | 94 |
| 맥문동 꽃의 속삭임 | 96 |
| 어머니의 향기 | 97 |
| 어머니의 봄 | 98 |
| 어머니 손은 약손 | 100 |
| 나의 버팀목 | 102 |
| 고사리 | 103 |
| 감잎의 숨결 | 104 |
| 물레방아 | 106 |
| 내 고향 사재울강 | 108 |
| 홍시 | 109 |

| | |
|---|---|
| 하얀 그리움 | 110 |
| 난로 위의 양은 도시락 | 112 |
| 거떠리의 별 | 114 |
| 시묘살이 할미꽃 | 116 |
| 시작 1 (어둠 속 한 줄기 빛) | 117 |
| 시작 2 (시를 쓰는 일) | 118 |
| | |
| 해설 (韓明喜) | 122 |
| 에필로그 (韓旭熙) | 126 |

# 제1부 삶의 무게 (인생)

*(인생이라는 강을 건너는 15편의 시)*

"사는 것은 기다림이다."

- 백석 -

### 가을, 길 위에 서다
*(낙엽처럼 흔들리며 서 있던 어느 가을 오후)*

붉게 물든 단풍잎 하나
바람 끝에 흔들리다 내 발끝에 내려앉는다
손끝에 닿자마자 부서지는
시간의 가벼움이 서글프다

길은 끝없이 이어지고
어느새 은행잎이 노랗게 흩날린다
나는 이 길 위에 서서
잊힌 이름들을 불러 본다

한때 빛났던 이름들
한때 뜨거웠던 마음들
그러나 이제는
낡은 나뭇결처럼 잊힌 얼굴들

저물녘 노을 아래
가을이 내 어깨 위에 내려앉는다
나는 조용히 발을 떼어
다시, 길 위에 선다
끝이 곧 새로운 시작임을 믿으며

## 묵향의 길 *(먹의 향기 따라 걷는 삶)*

다섯 손가락이 화선지 위를 걷는다
힘을 모아 가로획을 긋고
뺀 힘으로 세로획을 그린다

삶의 고비마다 먹물을 머금은 붓이 춤추고
인생의 고비가 찾아오면 난을 그린다

습필로 화분을 만들고 건필로 난꽃을 그리면
먹물이 담긴 붓이 꽃에 생명을 불어넣는다

젖어 있던 내 삶, 건필로 말리고
마른 삶엔 먹물로 농담을 더한다

노년의 시간, 누구나 걷는 길
붓끝을 세워 생의 방향을 다잡고
일필휘지로 다시 난을 친다

## 대문참*에서 나는
*(대문 앞에서 세상을 바라보다)*

장독대 위, 쇠창살로 둘러싸인 나의 성
일곱 살의 나는 가장 높은 곳에서
바람을 품고 하늘을 나는
잠자리의 날갯짓을 배웠다

빨간 보자기를 두 팔로 펼치고
대문참 위 슈퍼맨이 되어 뛰어내렸다
지구를 구하러 나선 용감한 나는
착륙하자마자 깊은 잠에 빠졌다

머리는 붕대로 칭칭 감기고
마스크와 링거 줄이 온몸을 친친 두른 채
엄마의 눈물 속에서 나지막이 속삭였다

- 다음엔 더 멀리 날아 볼게
  눈이 감겨도, 입술이 안 움직여도
  엄마는 내 말 다 알아듣지?

대문참에는 여전히 바람이 불고

작은 성 너머 나는 다시 날갯짓하며
하늘을 나는 꿈을 꾼다


* 대문참: 양옥 단독 주택에서 대문 위, 슬래브 친 공간에 장독이나 화분을 놓아두는 장소. 계단참, 층계참을 보고 만든 단어.

## 떠도는 구름처럼 *(그리움이 남긴 흔적들)*

- 뻥이요
폭죽 소리와 함께
마을 회관은 술래가 되어 하얗게 숨는다

철희는 찌그러진 냄비를 머리에 쓰고
영채 아재는 헌 고무신을 들고 오면
온 마을이 축제 마당이 된다

불꽃이 세차게 돌고
구름은 흩어져 사라지던 날
나는 어머니의 검정 고무신을 들고 서 있다

시간은 흐르고
풍로가 불꽃처럼 세월을 돌리면
영웅도 친구들도 모두 사라져 가고
세월이 남기고 간 구름만
서쪽 하늘로 천천히 흘러간다

이제 하늘 멀리 떠도는 구름처럼
갈 길 몰라 서 있는
나 홀로 남았다

## 재수 좋은 날
*(뜻밖의 순간, 운명을 가르는 날)*

늦어진 그녀와의 약속
두 바퀴가 바람을 가르며 달린다
엉덩이를 든 채 페달을 밟는데
골목에서 킥보드가 내게 달려든다

순간, 내 몸은 공중으로 날아오르고
자전거는 나를 밀쳐 내고 제 갈 길을 간다
나는 아스팔트와 격렬한 포옹 끝에
검은 포도에 혈서를 썼다

손목의 콩알뼈에 금이 가고
휜 핸들에 눌린 갈비뼈에는
4주 골절의 판결문이 떨어지고
깁스와 복대까지 부상을 받았다

발목이 아닌 손목,
오른손이 아닌 왼손이라
혼자 걸을 수 있고 카톡도 할 수 있으니
이 얼마나 다행인가?

살면서 내가 좋은 일을 많이 했나 보다
오늘은 억수로 재수 좋은 날이다

## 낭비한 시간들
*(시간이 흐른 뒤에야 보이는 것들)*

웃고 있는 내 영정 사진을
오래 바라보다
오동나무 관에 기대어
유언의 글을 쓴다

수의로 갈아입은 몸
빈손으로 관 속에 눕는다
차가운 바닥과 옹이가 드러난 나뭇결이
등을 깊이 후벼도
남은 생은 팔과 다리로 항변하며
끝내 입을 다물지 못한다

망치질이 울린다
- 쾅 쾅 쾅
지팡이 짚은 유서의 숨결이
은못 틈을 타고 번진다

무엇을 잘못했나
시간의 실타래를

어디서부터 잘못 꿴 걸까
눈앞에 번개처럼 스친
- 낭비한 시간들

이곳에서 나간다면
다시는 시간을 헛되이 쓰지 않으리
매일을 마지막 날인 것처럼
최선을 다해 살리라

눈물로 적어 내려간 다짐 유서가
관 속 어둠에서 별이 되어 깜빡인다

## 붕어빵과 피자 사이
*(단순함과 욕망 사이, 오늘을 삼키다)*

노릇하게 구워진 붕어빵 한 입
입안에 퍼지는 달콤한 추억
길모퉁이에서 마주한 피자 가게
그 앞을 지나며 나는 생각한다

붕어빵처럼 단순한 삶을 살 것인가
피자처럼 화려한 조각을 좇을 것인가
겹겹이 쌓인 치즈처럼
욕망은 끝없이 늘어지고

앙금처럼 속이 단단한 하루
페퍼로니처럼 화려한 꿈들
치즈는 황금 사슬이 되어
목구멍까지 차오르는데

어둠이 내릴 때
나는 두 세계의 경계석 위에 앉아
붕어빵으로 어린 시절을
피자로 미지의 내일을 삼킨다

삼킬수록 더 허기지는
어른이 되어 가는 하루

## 내 안의 그 *(그림자 속에 숨겨진 내 모습)*

길게 나를 따라오던 그
어느 때는 나를 앞질러 가기도 하고
때때로 내 안에 숨기도 한다

전철을 탈 때는 내 앞에서 당당했던 그
지하철로 바뀌자 슬그머니
내 안으로 들어온다

지하철에서 내려 노을 앞에 나서니
아, 여기 또
그가 나를 앞세우고 내 뒤에 기다랗게 서 있다

내 속에 그림자가 있었던 게 아니라
그림자 속에 내가 숨어 있었구나

지금껏 내가 그림자를 데리고 다닌 것이 아니라
그림자가 나를 잘도 끌고 다녔구나

## 천사의 날개 *(작은 사랑이 전하는 온기)*

짧은 햇살을 가슴에 안고
야쿠르트 아줌마가 얼음방 문턱을 넘으면
앞니 빠진 할머니 잇몸이 해처럼 웃는다

할머니의 빠진 이빨 자리에는
추억의 씨앗이 박혀 있어
말씀만 하면 봄이 돋아난다

한 손에 야쿠르트, 한 손에 고향 이야기
매일 아침 천사는 약봉지와 함께
작은 방에 삶의 온기를 불어넣는다

- 야쿠르트 하나 먹는 게 중한 게 아녀
이야기하는 할머니의 말 사이로
개다리소반 위 김칫국물에 비친 노을이
외로움이라는 이름의 방부제가 된다

매미가 벗어 놓은 허물처럼, 빨간 내복이
줄 위에서 흔들리고 짧아진 햇살 아래
방 안의 그림자는 점점 더 길어져 가고

천사는 날개를 펴고 기도를 놓고 간다
차가운 방 안에 두고 온 사랑이
오늘도 할머니의 외로운 밤을 덮어 주기를

## 새우구이 *(불판 위에서 삶을 말하다)*

벌거벗은 채 사람들 앞에 누웠다
소금밭이 뜨겁게 달아오를수록
내 살갗은 석양처럼 익어 간다

바다를 자유롭게 가르던 내 친구들
은박지 위에 다 모였지만
숨바꼭질하던 내 사랑 흰 다리 순이는
모래 속에 숨은 듯 보이지 않는다

포일 속 좁은 불판에 갇혀
뜨거운 숯불의 눈길을 피해 보지만
내 몸이 붉어질 때를 기다리며
게슴츠레 지켜보는 눈들이 너무 많아
차라리 내가 눈을 감는다

바닷속 물길 청소만 하던 내 손길은
언제부터 죄가 되었을까?
뒤엉킨 시간 속, 내 붉어진 껍질은
묵언으로 뜨거움을 삼킨다

숯불이 조명등처럼 내 속을 비추는 밤
삶이란 짧은 순간의 고통일까
아니면 영원한 기쁨을 향한 여정일까
붉게 물든 몸으로 질문을 던진다

## Torso *(생략의 미학, 불완전한 나)*

딸내미 혼사에
미대 학장 친구에게
축하 선물로 받은 토르소 torso

중략된 팔
다리의 하략
생략으로 완성되는 몸통

얼마나 많이 잡지 말아야 할 걸 잡고
가지 말아야 할 곳을 걸어 다닌 나를
책상 위에서 내려다보고 있는 토르소

온전한 몸뚱이를 가진 완성작을
온전치 못한 몸뚱이를 가진 미완성작이
비웃고 있다?
비웃고 있다!

딸아이 혼례 날
나는 나의 불완전함을 돌아본다

## 잔디처럼 *(낮은 곳에서 더 넓게 품는 삶)*

폭풍이 오면
느티나무는 고개를 치켜들다
뿌리째 무너지고

잔디는 몸을 낮추어
바람의 길이 된다

불꽃같던 내 젊음은
높은 곳만 좇다가
넘어진 뒤에야
눈물의 깊이를 배웠다

흙과 하나 되어 눕는 잔디처럼
나도 허리를 낮추리라
강물처럼 가장 낮은 곳으로 흘러
세상을 넓게 품으리라

## 낯선 별들의 노래
*(이주민들의 땀이 밝힌 별빛)*

낯선 하늘 아래 피어나는 별빛
보이지 않는 곳에서 빛나는 손길들

필리핀의 따스한 손끝은 사랑을 심고
우리의 가정에 희망의 꽃을 피운다

우즈베키스탄의 대지를 닮은 손이
먼지를 조용히 걷어 내면
우리의 골목이 조금 더 환해진다

조선족 할머니의 주름진 손은
병든 몸을 감싸안고
사랑과 평화를 전해 준다

몽골 청년의 굳은 손
묵직한 짐을 어깨에 짊어지고
아파트 숲을 가로질러 길을 낸다

그들의 꿈은 바람을 타고

낯선 이국땅에 깊게 뿌리를 내린다

이주민들의 땀은 맑은 별이 되어
우리 사회의 기둥을 세우고
어둠 속에서도 환히 빛난다

우리가 함께 그려 가야 할
우리나라 내일의 새로운 이야기

## 커다란 인류애
*(재난 속에서도 피어나는 사랑)*

검은 파도가 쓸고 간 폐허 위
어둠 속에서 피어난 작은 꽃 하나
희망의 잎새를 피운다

깨져 버린 후쿠시마 원자로의 심장
무릎 꿇은 인간의 시간 속에서
누군가 다가와 손을 내민다

그 손들이 이어진다
국경을 넘어, 언어를 넘어
온몸이 빛으로 녹아드는 순간

살아남은 자가 떠난 이들을 기리며
흘리는 눈물 속에 피어나는 인류애
무너진 세상 위, 다시 꿈꿔야 할 미래

그것은 더 큰 사랑
죽음의 땅에서 다시 꽃을 피우는
커다란 인류애

## 지구의 눈물
*(말 없는 별, 그 눈물의 연유를 묻다)*

숲은 인간의 곳간이 아니다
푸른 허파는 화전으로 숨이 막히고
나무의 숨결은 재가 되어 꺼져 간다

바다는 퍼 주기만 하는 어머니가 아니다
그물에 갇힌 어린 생명은
멸종의 떼죽음으로 흩어진다

호모사피엔스여
네가 주인이라 칭했으나
지구는 그 누구에게도 팔린 적이 없다

바이러스는 침묵의 집행관
함부로 쓰고 돌려주지 않는 그 욕심을
마스크 속의 침묵으로 가르친다

지구는 빌려 쓴 별의 조각
인간의 발자국은 흔적 없이 지우고
빚은 갚고 가야 한다

## 매미 1 (침묵의 노래)
*- 긴 기다림 끝, 또 다른 시작 -*

칠 년의 어둠 속에서
희망의 숨결을 따라 오른다

땅속 깊은 숨결은
지상의 노래를 품고 기다려 왔다

마지막 칠 일
낮과 밤은 외로움의 춤
간절함의 몸짓으로 불타오른다

빈 여름 하늘에
매미는 자신의 울음을 새기고
2세를 낳아 줄 짝을 부른다

날개 끝에 묻어난 시간의 파편들
그 뜨거움은 찰나에 사라지지만
허물 속에 감춘 영혼은 영원히 남는다

잊힌 나뭇가지와
바람과 땅이 외면한 흔적들

그러나 그는 알고 있다

변태는 끝이 아니며
새로운 생의 시작이라는 것을


* 각 부에 같은 주제의 시 13편을 싣고 시적 변주와 읽는 재미를 위해 소제목과 다른 주제의 시를 각 부 끝에 2편씩 실었습니다.

## 매미 2* (매미, 영원을 부르다)
### - *짧음 생, 뜨거운 울음* -

어둠의 장막을 찢으며 솟구친 매미
금빛 날개를 펼쳐 하늘을 가른다
푸른 여름에 새겨지는 울음은
찰나를 살아도 영원을 그리네

한낮을 불태우는 뜨거운 몸짓
사랑을 찾아 타오르는 세레나데
음률은 순간의 불꽃처럼 번지고
잔향은 바람 속에 깊이 스미네

한 줌의 짧은 시간 속에서
사랑을 찾고 짝을 쫓아 인생을 거네
한낮의 꿈처럼 덧없이 짧은 삶이지만
짧기에 더 빛나는 삶

노래는 시간의 강을 건너 퍼지고
기억 속에서 영원히 살아 숨 쉬네
세상에 마지막 인사를 건네는 매미
노래는 찰나를 지나 영원으로 향하네

# 제1부 「인생」을 마치며

### - 강을 건너는 사람들 -

"우리는 모두 삶이란 물살을 건너는 나룻배.
흘러가면서 배우고, 부딪히며 견디고,
마침내 스스로를 건너간다."

# 제2부 바람의 노래 (자연)

*(자연이 들려주는 치유의 숨결, 그 노래)*

"자연은 말이 없지만 가장 완벽한 시다."
- 정지용 -

## 목어 木魚 *(허공을 가르는 고요한 울림)*

한 점 허공에 몸을 던져
내장까지 비운 텅 빈 물고기

바다가 스며든 뼈마디
말라 가는 몸속에서도
허공엔 물빛조차 스치지 않는다

뼈까지 스며든 바다의 물기
한 방울 남김없이 내어주니

이제 남은 건
바다의 그림자 같은 울림뿐

말라 가는 몸은 점점 더 가벼워지고
푸른 소리를 허공에 파종한다

가득 찬 고요 속에 울리는 파문
하늘을 가르는 목어의 푸른 그림자

### 바람의 팔 *(새로운 빛을 만드는 흐름)*

백두대간 대관령 정상
하늘을 가르는 바람개비
태평양의 숨결을 품고 돌고 있다

가까이서 보면 멈춘 듯
멀리서 돌고 있는
하늘농원 마루 길의 바람개비

산마루에 외롭게 선 풍력 발전기
먼바다 건너온 바람을 온몸으로 움켜쥐고
묵묵히 바다를 품는다

바람의 숨결과 파도의 맥으로
새로운 빛을 만든다

## 천년의 소리 *(시간을 건너는 생명의 메아리)*

동해 바람 맞으며
아침을 깨우고 저녁을 감싸던
천년을 품은 종이 울렸네

불길이 삼킨 낙산사
붉은 용이 하늘을 삼키듯
그 종, 마지막 울음 속에 녹아내렸네

종루에 갇힌 소리
하늘을 향해 흩어지고
형체마저 사라졌네

살아 있는 모든 것은 사라지지만
그 속에 깃든 기도는
어디에 스며들었을까?

부처님의 미소 속에
잃어버린 종소리 기억하며
참나를 찾는 여정을 시작하리

## 갯벌의 노래
*(갯벌이 들려주는 생명의 속삭임)*

송학리, 학산리, 황새골……
하늘을 가르는 철새들의 합창
갯벌 위 춤추는 뭇 생명들

짱뚱어, 칠게, 논게, 밤게……
칠면초 숲은 숨 쉬는 쉼터
물결 따라 생이 엮이고 풀린다

동서로 십 리, 남북으로 오십 리
시간이 빚어 올린 비늘 진 대지
순천만, 생명의 피 흐르는 심장

나는 갯벌을 걷는다
물살이 내 발을 감싸고
게 한 마리 내 그림자 위를 지나간다

이곳에서 나는 자연이 되고
가없이 너른 순천만 갯벌에서
자연도 나를 품어 하나가 된다

## 은행잎 편지 *(노랗게 물든 시간의 속삭임)*

두 손 모아 기도하는 소원들
둥근 나이테 속에 묻힌 시간의 흔적
이파리 엽서에 적어 내려간 기도의 편지

먼 곳의 사람에게는 우듬지 가지에
가까운 이들에겐 넓은 가지 끝에
노랗게 물든 잎으로 소망을 전한다

샛바람에 실려 온 희망은
겨울의 문턱에서 계절을 밀어 올리며
천년의 시간을 품은 채
영원의 속삭임을 들려준다

알알이 노랗게 익어 가는 사리
천년의 용문사 은행나무에
다시 열리기 위해 정진한다

그 속에서 나는 존재의 의미를 묻는다
시간은 단순한 흐름이 아닌
우리의 기억을 담아내는 그릇

사라짐과 다시 만남의 윤회 속에서
나는 무엇을 위해 살아가는가?

천년의 기도 속에 담긴
존재의 본질을 찾아가는 길
그 길 위에서 우리는
서로를 잇는 나무가 된다

## 풍란의 향기 *(바람에 실려 오는 은은한 향)*

작은 돌 틈에 뿌리내린 풍란
밤하늘 향기가
그리움의 물방울처럼 퍼진다

어머니의 손길 같은 잎사귀
지친 마음을 감싸고
고요한 사랑으로 피어난다

어둠 속에서 환하게 피어나는
작은 꽃은 첫사랑의 속삭임

시간의 흐름 속에서도 변치 않는
너는 영원한 사랑의 향기

## 남한산성에 올라 *(세월을 담은 돌담의 기억)*

고목의 숨결이 스민 돌담
그 틈새로 스며든 세월의 땀방울
수어장대의 통곡은
된바람 속에 흩날린다

무너진 성벽 아래 상처는 깊고
기억은 아리게 굳어
망각의 파도 속에도 사라지지 않는다

잊힌 이름들이
하늘을 향해 피어나고
눈물로 피어난 기억은
새 역사의 씨앗이 된다

흩어진 조각들을 모아
새로운 길을 놓으리라

## 상수리나무의 묵언 수행
*(시간을 넘나드는 침묵의 지혜)*

도토리는 임금님의 수라상이 되고
떡갈나무 잎은 떡을 감싸고
신갈나무 잎은 신의 바닥이 되어
먼 길을 떠난다

달빛을 닮은 열매를 품고
해를 온몸으로 받아들이며
긴 그림자로 달을 끌어당겨
밤을 덮는다

밤이 깊어 갈수록 나무들은 묵언으로
속내를 닫은 채 수행에 가까이 다가간다
시간을 넘나드는 인고의 수행
나무는 조용히 세월을 넘는다

## 백운대에 서서 *(하늘과 맞닿는 침묵의 순간)*

턱끝까지 차오른 숨을 고르며
지친 다리가 나를 끌고 바위산을 오른다

송골송골 맺힌 땀방울이
추녀 밑 낙숫물처럼 떨어지고

뒤틀린 소나무 한 그루
바람을 견디며 뿌리를 박고
산마루를 붙든 채 우뚝 서 있다

도선사 처마 밑 풍경은 허공에 염불을 띄우고
산봉우리를 잡고선 대웅전 앞 목어는
푸른 하늘에 소리의 씨앗을 흩뿌린다

산줄기는 끝없이 이어지고
바람 속 그리움이 파란 하늘에 부서진다

나는 휜 허리를 곧추세워
저 멀리 흐르는 시간 위에
다가올 내 노년을 그려 본다

## 여름의 소리 *(계절이 남긴 그리운 소리들)*

국사봉 위로 뭉게구름 드리우고
삼박골에 엷은 그늘을 만들며
뛰어오는 바람결 소리

한밤중에도 쉼 없이 울려 퍼지는
고욤나무 우듬지에 매달린
말매미의 짝 찾는 노랫소리

대청마루에서 더운 바람을 토해 내는
- 덜 덜 덜
선풍기 날개 돌아가는 숨소리

칼 대기도 전에
불타는 속마음을 내어주며
- 쩌억 하고 갈라지는 수박의 외침 소리

할머니의 고소한 미숫가루 잔 속에
- 와작 하며
외손주 얼음 깨 먹는 웃음소리

땀물 흐르는 냉커피 유리컵에
깍둑 얼음이 부딪히며 나는
아내의 샤워 같은 물소리

소리가 풍경화가 되어 어렴풋이 들리지만
마음속에서 더 크게 울리는
그리운 여름의 소리들

푸른 여름, 기억의 조각들
추억 속에 피어나는 소중한 소리들
언제나 내 곁에 머물러 있으리

## 새로운 왕국
*(작은 달팽이가 꿈꾸는 큰 세상)*

무리에서 떨어져 나온 민달팽이
아스팔트 길을 건너다 말고
두리번거린다

두 갈래 더듬이로
바람에 귀 기울이며
조심스레 길을 접었다 편다

도로 위의 지나온 발자국
바람에 흔적 없이 날려 가도
멈출 수 없어 걸어야 하네

아스팔트의 거친 숨결에도
흐트러짐 없이
자신만의 길을 건넌다

우두머리 싸움에서 밀려났지만
작은 왕국을 세우려는 꿈
아직 그의 길은 끝나지 않았다

작은 몸속에 큰 꿈
바람이 닿지 못하는 곳으로
다시 길을 나선다
새로운 왕국을 향해

## 바다의 노래
*(수평선 너머에서 부는 사랑의 노래)*

땅의 끝
바다의 시작점에서는 언제나
어머니의 숨결이 들려온다

파도의 가쁜 숨비와
몽돌 구르는 소리는
자장가 되어 나를 안는다

호요바람에 묻힌 어머니의 손길은
윤슬처럼 빛나는 물결 속에서
나를 부드럽게 안아 준다

꼬리별처럼 은은한 해조음은
절망 너머에서도 들려오는
어머니의 영원한 히프노스의 자장가

## 하늘의 눈물 *(비 대신 그리움이 내리는 날)*

하늘이 울었나
배춧잎을 뚫고 내리는
차가운 얼음 눈물

무만 남은 밭, 청만 남은 밭
'ㅁ'만 남은 밭, 'ㅊ'만 남은 밭
자음만이 흩어진 채 눈물로 남았다

정성 들인 씨앗도
하늘의 노여움에 쓰러지고
농부의 마음에 우박이 쏟아진다

그러나 다시 씨앗을 뿌리리라
새로운 싹이 자라날 것을 믿으며
이 또한 지나가리라

## 자작나무의 기도
*(자작나무가 들려주는 고요한 노래)*

자작나무, 하늘을 향해
눈처럼 흰 몸 순결한 침묵으로 서 있네
잃은 색, 남겨진 고요, 눈부신 하얀 기도

숲의 바람이 은밀히 불어와
겨울을 부르고 흩어진 기억 속에
눈송이처럼 떠다니는 잊힌 시간들

자작나무, 그 외로움은
설경 위 고독의 흔적
하얀 세상 속에 고요히 피어난 노래

벗겨지는 껍질, 조용히 타오르는 불씨
다른 나무와는 다른 조급한 생의 표정
함께 있을 때 더 빛나는 숲, 흰빛의 합창

바람에 실린 기억의 파편들
잊힌 순간들을 불러내며
마음 깊이 새겨진 울리는 기도

## 잠자리의 춤
*(순간 속에 머무는 영원의 몸짓)*

푸른 하늘, 투명한 날개로
잠자리는 바람을 가르며 춤춘다

바람결 따라 흐르는 몸짓
기쁨과 슬픔을 번갈아 쥐고
하늘 한 조각을 채운다

어제의 무게는 내려놓고
오늘의 빛 속에서
잠자리는 오직 지금을 살아간다

삶이란 한순간의 춤
잠자리처럼 가볍고 투명하지만
바람 속 어디에도 남는 흔적

## 안양천 1* (노을의 연가)
- *저무는 하루가 부르는 사랑의 노래 -*

한강 위로 붉게 물든 노을빛
지친 하루가 저무는 강가
황혼은 고요히 도시를 감싸 안는다

철교를 건너는 전철 소리 물결에 일렁이고
물 위를 스치는 흰 물살
갈매기처럼 수상 스키는 추억을 가른다

수양버들 사이로 비추는 햇빛은
오래된 기억 속에 잠든 날들을 깨우고
흐르는 강물처럼 시간은 가지만
못다 한 사랑은 발자국처럼 깊다

고압선은 하늘에 악보를 그리고
붉게 타오르던 석양빛이
한 별 두 별 사라질 때마다
그리움은 켜켜이 쌓여 추억으로 남는다

텅 빈 하늘 저편으로 흩어지는

마지막 빛은 사랑을 품고

오늘도 노을은 죽음으로 영원히 산다


\* 각 부에 같은 주제의 시 13편을 싣고 시적 변주와 읽는 재미를 위해
 소제목과 다른 주제의 시를 각 부 끝에 2편씩 실었습니다.

## 안양천 2 (안양천 청둥오리)
### *- 삶의 터전을 찾아가는 여정 -*

새털구름이 내려앉은 안양천 고척 돔 풀숲
짝을 만나 알을 낳고 텃새로 살아가는 청둥오리
왜가리 백로 해오라기와 함께 어울리다
남쪽으로 돌아가기를 포기한 철새

안양천에 둥지를 틀고
빨갛게 시린 다리로
얼음을 깨 먹이를 구하고
새끼를 키워
안양천을 제2의 고향으로 만들었다

청둥오리는 월세로 둥우리를 틀고
전세로 갈아탄 뒤
문패까지 달았다
서울을 제2의 고향으로 만들며

사는 곳이 고향과 다르면 나를 바꿀 것
가장 위대한 것은 살아남는 것
세상 사는 이치를
안양천 청둥오리에게 배운다

# 제2부 「자연」을 마치며

### - 바람이 건네준 말들 -

"풀잎 하나에도 계절이 담기고 구름
한 조각에도 위로가 머문다. 자연은 늘 가장
조용한 방식으로 우리를 안아 준다."

# 제3부 마음의 꽃 (사랑)

*(기억 속에 피어난 사랑, 그 아련한 흔적들)*

"가장 따뜻한 사랑은
가장 조용한 목소리를 가진다."
- 윤동주 -

# The Kiss
*(황금빛 입맞춤에 담긴 사랑의 약속)*

벽을 가득 채운 크림트의 「The Kiss」
그들은 서로를 품으며 황금빛으로 빛난다
바람결에 흔들리는 보름달처럼
사랑은 닿을 듯 말 듯 흔들리네

여자의 시선은 더 먼 곳을 향하고
남자의 숨결은 그 거리만큼 간절하다
에로스의 화살이 꽂히는 순간
별빛은 그들의 귓가를 스치며 속삭이네

그 빛나는 첫사랑의 순간을
벽에 걸어 두었네
내 젊은 황금빛 시절이
벽에서 반짝이며 다시 살아나네

서로에게 황홀하게 취하면
세상이 저리 반짝반짝 빛날까
저토록 반짝이는 사랑
내 청춘의 어딘가에 있었다

## 가시 사랑 *(상처까지 끌어안은 사랑)*

그대가 남긴 말 한마디
새벽을 헤집는 가시가 되어
잠들지 못한 내 마음을 찌른다

붉은 노을 대신 아픔이 스며들고
고요한 밤은 상처로 꽃 핀다

그러나 사랑이란
가시를 품고도 피어나는 것
아픔 속에서도 벙그는 것

그대를 생각할 때마다
내 안에 곱게 자라는
피멍 든 듯, 피어난
외로운 꽃 한 송이

## 능소화 *(덩굴처럼 엮인 사랑)*

작은 바람에도 흔들리는 우듬지
덩굴손으로 네 영혼을 움켜잡고
우리는 씨실과 날실처럼 엮인다

해진 헝겊처럼 바랜 너의 몸과
민들레 홀씨처럼 가벼운 내 영혼은
서로를 향해 완벽히 평등하다

너를 감고 천상으로 올라가
사랑이 꽃필 때 너는 화려하게 빛나고
마침내 우리의 사랑이 완성된다

불꽃같은 사랑의 순간
우리의 영혼은 하나가 되어
세상에 붉은빛을 더한다

## 사랑 아닌 사랑 *(안다미로 사랑)*

벚꽃잎이 윤슬처럼 흩어지던 날
한강을 굽어보는 병원에 누웠다

이식 외에는 살길 없는 남자
그 남자에게 다시 삶을 줄 수 있다기에
내가 이 병실 침대에 누워 있다

그는 한때 내 남자였고
지금은 내 아이들의 아버지

오직 내 아이들 때문이라며
나는 다정도 미련도 끊어 낸다

망설임과 운명이 교차하는
병실 유리창에 비친 헝클어진 얼굴
오로지 아이들을 위한 선택일 뿐이라며

## 비를 맞다 *(함께 비를 맞는 것처럼)*

학교 가는 첫날
외할머니가 손에 쥐여 준 왕 눈깔사탕을
조심스레 내밀었지
하지만 서울에서 온 소녀는
- 너는 키가 작아서 싫어
내 손을 뿌리친 채
멀어지는 버스에 몸을 실었어

그날 비가 내렸어
감나무 집 아재가 말했지
- 비를 맞으면 키가 쑥쑥 자란다
나는 우산을 내던지고 온몸으로 비를 맞았어
키만 크면, 나도 서울에 갈 수 있을까

안개비, 는개, 장대비까지
내리는 모든 비를 품으며
나는 빨리 자라기를 바랐어
비가 오지 않는 날엔
물을 길어 대야에 몸을 담갔어
하늘을 닮고 싶었거든

아버지는 밤새 돗자리를 짜며
서울로 가는 꿈을 엮었지
하지만 아파트값은
아버지의 손길보다 더 빨리 올라
우리의 꿈을 삼켜 버렸어

세월이 흘러 내 키는 훌쩍 자랐지만
우리는 서울에 닿을 수 없었어
아버지는 먼 산을 바라보시고
나는 혼자 빗속을 걸었지

오늘도 나는 우산 없이
기억 위를 걷는다
젖어 드는 건, 옷이 아니라 꿈이었다

## 마지막 역에서 *(우리가 만난 그 끝의 시작)*

태어날 때
세상은 웃었고 나는 울었다
그것이 내 삶의 시작이었다

떠나는 날
나는 울고 세상은 침묵하겠지
그것이 삶의 끝이라면

우리의 여정은 긴 듯 짧았고
짧은 듯 길어
끝이 어디인지 알 수 없지만
마지막 역이 이별이라면
서두르지 말라

죽음은 부르지 않아도 오고
삶은 잡으려 해도 스쳐 지나가니
우리는 그저 서로의 가슴에 기대어
주어진 시간을 건너면 된다

그대는 내 안에서 죽고

나는 그대 속에서 다시 태어난다

우리의 흔적은 바람이 되고
우리의 시간은 빛이 되어
끝내 영원 속에서 다시 만나리라
사랑하는 이여

## 사랑의 여정 *(떠난 후에야 알게 되는 사랑)*

어린 시절,
사랑은 봄날의 꽃송이
흩날리는 벚꽃처럼 사라졌네

젊은 날,
사랑을 만났으나
그 사람이 내 사랑인 줄 몰랐네

세월이 흐른 후,
사랑을 다시 만났으나
사랑하는 방법을 잊어버렸네

사랑은 이미 떠났는데,
나는 이제야
그 이름을 부르고 있네

## 자작나무 아래서
*(흰 껍질 아래 감춰진 순결한 사랑)*

바람이 불어
자작나무 이파리가 속삭인다

검고 흰 나무껍질 사이로
그대의 목소리가 스며든다

한때 나를 감싸 주던 속삭임이
이제는 바람이 되어 지나간다

떠난 것들이
오히려 더 가까이에서
나를 안아 주는 것처럼

나는 가만히 서서
그 바람을 가슴에 품는다

## 그대 곁에서 *(함께 걸어온 길의 의미)*

나는 앞에서 끌고
당신은 뒤에서 밀어 주고
서로의 손길이 닿는 그 사이

온전한 하나를 꿈꾸다
끝내 닿지 못해 울었고
밤새워 외로움과 싸웠습니다

당신은 나를 믿고 걸어와
내 곁에 기꺼이 머물렀고
사랑의 아픔을 함께 견뎠습니다

마지막 날숨을 내쉴 때
나는 고백하고 싶습니다
내가 가장 잘한 일은 당신을 선택한 것이라고

## **연리지** *(세월을 품은 나무의 사랑)*

두 나무
바람 속 서로를 만나
닿을 듯 기대어 선 손끝

햇살은 껍질 속에 새겨지고
빗물 한 모금에도
사랑이 우듬지까지 스며든다

시간은 나이테로 익어
사랑은 꽃피고, 열매는 응답한다
서로의 상처를 감싸 주어 생은 완성된다

너와 나, 다름이면서 또 같은
우리는 오늘도 듀엣으로 노래한다
서로를 품은 더 좋은 내일을 위해

### 영원의 강 *(사랑이 흐르는 그 너머로)*

우리는 마르지 않는 샘에서
서로를 길어 올립니다

당신의 이름을 부르면
고요한 달빛 속 물결이 일고

눈을 감으면
영원의 샘물이 솟아납니다

흐르고 흘러도 닿을 곳은 하나
우리, 같은 강이 되어
끝내 바다로 스며들겠지요

밤하늘에 흩어진 별들도
언젠가는 하나의 은하수가 되듯

우리의 사랑도 그렇게
하나의 물결로 이어지겠지요

## 우연의 선물 *(우리가 만난 기적 같은 순간)*

길을 걷다 우연히 만난 너
바람처럼 스쳐 지나갔지만

그 순간 내 마음에
작은 씨앗 하나 심겼네

마치 별 하나가 떨어진 것처럼
나의 운명을 바꿨지

우연은 비 오는 날의 무지개
짧은 순간, 영원히 물들이며
필연의 색으로 번져 나가네

너의 미소는 따스한 햇살
내 어두운 길을 부드럽게 비추고
내 가슴속 깊이 피어나는 꽃이 되었네

우연은 필연으로 엮이고
우리의 시간은 아름다운 결을 그리며
사랑의 노래가 되어 영원히 울려 퍼지리라

## 우물에 뜬 별
*(깊은 곳에서 건져 올린 사랑 하나)*

깊은 밤
우물 속 별 하나가 깜박입니다

두 손을 모아 건지려 해도
물결 속 빛은 멀어져만 갑니다

한참 지나서야 알았습니다
그 별이 그대의 눈빛이었다는 것을

멀리서 바라볼 때만 선명해지는 것들
사랑 또한 그러하다는 것을

## 황금 나방의 꿈
*(짧지만 찬란했던 날갯짓의 기억)*

뽕잎 연회가 끝난 자리에서
은빛 실로 몸을 감쌌네

꿈은 고치 안에 숨었고
황금빛 나방이 되려는 몸짓은
시간의 기억을 지웠네

닫힌 우주 속
사랑 하나를 믿으며 잠들었고
날갯짓으로 너에게 닿으려 꿈을 꾸었네

눈을 떠 보니
나는 이미 입 없는 나방
침묵으로만 사랑을 말하는 존재

서둘러 알을 낳으려 하늘을 가르고
너를 향해 날아가는 황금 나방의 꿈

## 가시의 새벽 *(상처로 빛나는 시작의 시간)*

탱자나무 가시에 걸린 달
상처 난 채 떠도는 빛
새벽어둠에 길을 묻네

첫닭 울음에 깨어난 숨결
그대 흔적을 따라 걷다
새우잠 속에서 밤을 삼키네

여명의 안개 너머
그대는 그림자로 스며들고
나는 부서진 이름들을 엮어
허공에 닿지 않을 편지를 쓰네

그리움은 가시로 돋아
어둠을 찌르고 빛을 새기니
새벽은 언제나 상처로 남네

## 관곡지 1 (관곡지, 지금)
### - 지금 이 순간, 연꽃이 피어나는 곳 -

석류빛 노을이 연못에 스며들면
백조는 기울어 가는 태양을 품고
연밥의 씨앗을 물 위에 떨군다

부평초는 연잎에 몸을 기댄 채
흔들리되 흘러가지 않는 법을 배우고
물결은 그것을 안으며
다름 속의 어울림을 조용히 일러 준다

양떼구름이 내려앉아
연못의 숨결을 들이쉬면
바람도 물도 함께 어울리며 맴돌다
노을 속으로 스며든다

팔각정의 기둥은 물결을 닮아
흐르는 시간의 허리를 감싸고
나는 그 아래 앉아 생각한다

머무는 것처럼 보이는 이 순간도
사실은 흘러가고 있음을
연못이 끝내 삼키는 조각구름처럼
나 또한 언젠가 노을이 되어
황혼의 시간 속으로 흘러갈 것을

## 관곡지 2* (연꽃의 노래)
### - 진흙 속에서도 피어나는 아름다움 -

새벽녘 연잎 위에 맺힌 이슬 한 방울
투명한 방울 속에 세상의 빛이 스며들고
한순간의 찰나가 영원의 깊이를 머금는다

흙탕물 속에도 물들지 않는 이슬
바람의 손끝을 타고 연못을 씻어 내고
생명의 노래를 널리 퍼뜨린다
그 노래는 심장의 떨림처럼
어둠을 뚫고 멀리 퍼져 나간다

햇살이 황금빛으로 춤추면
오욕의 늪조차 맑은 강물 되어 흐른다
가장 깊은 어둠 속에서 연꽃은 피어나며
희망의 깃발을 높이 든다
그 깃발은 바람을 불러 새날을 연다

숨겨진 줄기처럼 긴 여정을 걸어온 나는
보이지 않는 곳에서도 희망을 부른다
좌절의 그림자를 딛고 연잎 위 이슬을 닦아 내며

다시, 또다시 나를 일으킨다

작은 연꽃이 피어나듯 흙탕물 속에서도
찬란히 피어나는 생명 그것은 바로 나
흙탕물 속에서도 빛을 잃지 않는
쓰러져도 다시 일어서는 나의 참 모습이다.


\* 각 부에 같은 주제의 시 13편을 싣고 시적 변주와 읽는 재미를 위해
  소제목과 다른 주제의 시를 각 부 끝에 2편씩 실었습니다.

# 제3부 「사랑」을 마치며

### - 가슴에 머문 시간 -

"사랑은 스쳐 가는 계절 같아서
늦게야 그 향기를 기억하게 된다.
그리움으로 남아 우리를 끝끝내 다정하게 한다."

# 제4부 추억의 물결 (고향)

*(그리운 기억 속 고향과 사람을 만나는 시 모음)*

"고향은 돌아갈 수 없는 푸른 꿈이다."
- 괴테 -

## 맞아야 산다 *(아픔이 가르쳐 준 생의 중심)*

아버지가 만들어 주신 말팽이
사재울강 얼음판 위에서
닥나무 채로 생명을 얻는다

씽~~
씽~~

앉을 수도
누울 수도 없어
멈추지 못하는 운명

맞으면 맞을수록
생생해지는 삶
아픈 만큼 울리는 생의 노래

억지 핑계 대며 매너리즘에 빠져
매일 습관처럼 돌고 있는 나
게으른 습관 속에 잠겨 있는 나날들

물에 적신 닥나무 채로 맞아

돌아서라도 일어나고 싶은 나
다시 생의 중심에 서고 싶다

상처를 통해 배우는 것들
다시금 나를 발견하는
그 길 위에서

이제는 맞고 또 맞으며
부서진 조각들 속에서
희망의 씨앗을 심고 싶다

## 맥문동 꽃의 속삭임
*(그리움이 남긴 연보랏빛 꽃)*

아버지의 마지막 숨결은
대학병원 은행나무 그늘 아래
연보라 맥문동 꽃으로 피어났다

바람은 떠나는 발자국을 쓸어 담고
링거 줄처럼 얽힌 마음을 남겼다
아버지는 조용한 미소로
모든 것을 내려놓으셨다

연보라 꽃잎을 흔드는 잎새의 속삭임
- 이제 나를 놓아주렴, 괜찮다
그 말은 젖은 위로가 되어
내 가슴속 엉킨 매듭을 풀어 주었다

다시 피고 질 맥문동의 계절
아버지의 숨결은 연보라 꽃으로 남아
내 시간이 다할 때까지 나를 떠받치리
그리움은 한 번 지는 법이 없으니까

## 어머니의 향기 *(따뜻하고 그리운 그 품)*

삶은 둥근 원을 그리며 흐른다
찬물에 헹군 기저귀에 번지던 어머니의 숨결
그 고요한 냄새 나는 그것도 사랑이라 불렀을까

한때 어머니의 기저귀를 갈며
나는 어른이 되었다고 믿었다
그러나 사랑은 의무가 아니라
시간 속에 퍼지는 향기임을 뒤늦게 깨닫는다

바람은 기억을 지우며 불어오고
회색 구름은 후회를 싣고 간다
다시 아이가 된 어머니
내 품을 떠나 아득한 곳으로 가시네

나는 이제야 안다
돌아보면 모든 순간이 사랑이었다는 것을

## 어머니의 봄 *(삶을 견디는 어머니의 계절)*

회인 오일장까지
열 번은 쉬어야 닿는 그 길 위에서
어머니는 무릎의 계절을 견디셨다

고등어 한 손
소금 냄새 밴 파도의 기억
어머니의 손끝에서 바다는 마르지 않았다

봉천동 언덕을 오르내리며
고춧가루와 참기름을 꼭 쥐고도
아프단 말은 끝내 하지 않으셨다

뒷동산에 돋던 냉이와 쑥은
그 향기를 오래 간직했건만
어머니의 봄은 어느새 희미해지고
소쩍새 울음 속으로 스며 갔다

이번 설에는
애들 학원비보다 먼저
어머니의 무릎에 봄을 심어 드려야겠다

소금꽃 핀 고등어처럼
어머니의 무릎 관절에도
다시 푸른 물결이 차오르기를

## 어머니 손은 약손
### *(다정한 손길이 남긴 기억)*

배가 아프면
당신 무릎에 나를 눕히고
동그랗게 손으로 배를 쓰다듬으며
- 내 손은 약손이다 하시면
손이 약이 되었지

성적이 떨어져 울 때
어머니의 거친 손이 내 머리를 쓰다듬으며
- 넌 잘할 수 있어
그 말에 나는 다시 일어설 수 있었지

어머니는 모음 같아서
자음 옆에 닿기만 해도
말이 되었고, 노래가 되었고
삶이 되었다

어머니만 있으면
모든 꿈이 이루어지는데
이제 그 손을 다시 만질 수 있다면

다시 일어설 수 있을 텐데

어머니,
한 번만 더 내 곁에 와 주세요

## 나의 버팀목
*(가장 깊은 상처마다 피어나는 이름)*

이구아수 목구멍 속으로 떨어진다
끝없는 어둠 속을 떠돌다
어머니의 손길에 문득 깨어나면

병실 창밖의 낯선 풍경
세상에 홀로 남겨진 듯
허공을 떠도는 나비 한 마리

그때 들린다, 어머니의 목소리
- 내 새끼야, 괜찮다
그 다정한 울림에
참았던 눈물이 뜨겁게 흐른다

오죽헌의 배롱나무
담장 밖 버팀목으로
수없이 꺾이고도 꽃을 피우듯
어머니, 나의 버팀목

가장 깊은 상처마다
그 이름, 어머니가 피어난다

## 고사리 *(쪼그려 앉아 꺾던 봄)*

작은 풀로 태어나
하늘을 올려다보는 푸새와 달리
동그랗게 몸 말아 땅을 쳐다보는 고사리

어머니와 봄나물 캐던 어린 시절처럼
추억을 꺾네

아내가 무친 저녁상
바짝 허리 말고 땅만 쳐다보는
어머니가 계시네

## 감잎의 숨결
*(감잎 사이에 남은 할머니의 사랑)*

회인 오일장 감나무 그늘 아래
바람이 지우고 간 자리
낡은 장터엔 먼지만 쌓이고
팔다 남은 쥐눈이콩 몇 알
할머니 무릎 위에 조용히 기대어 있다

아들 먼저 가고
베트남 며느리 집 나간 지 오래
주름마다 박힌 세월의 골짜기 속
기다림은 응달진 밭고랑처럼 깊어만 간다
텅 빈 바구니, 텅 빈 손끝
오지 않는 손님을 기다리는 먼 눈길

누런 감잎 하나
바람에 실려 내려와
잠든 아기 뺨에 가만히 앉으면
할머니의 숨결
낮고 가는 한 점 바람으로 흔들린다

이 어린 것 하나 남겨 두고 어찌 갈꼬?

그늘이 길게 드리운 저녁
오일장 한쪽엔 노을이 스미고

할머니의 품속에서
쥐눈이콩도, 감잎도
아기와 함께 할머니 품에서 잠든다

## 물레방아 *(돌고 돌아도 여전한 마음 하나)*

　국사봉 산등성마루부터 깜깜해져 올 때 잰걸음이 석축배미 방앗간에 다다르자 내 등짝을 후려치며 쏟아지는 작달비 따닥 따다닥 머리부터 온몸을 사정없이 내려친다 봇도랑 끝 석축배미 물레방아 푸릉 푸르릉 뇌성벽력 지르며 힘차게 돈다

옆은 아예 처음부터 없었다는 듯
한곳을 향해
아무 말 없이
그저, 돈다

왜 밖으로 나가고 싶지 않겠는가?
가풀막진 삼박골 묵정밭도 뛰어다녀 보고
검정 고무신 신고 흙 꽃 날리는
영당 신작로도 달려 보고 싶지 않았겠는가?

하지만
한곳에서
쉬지 않고
불면불휴의 경지에 든 듯
돈다

틈만 있으면 옆도 보고 뒤도 본 내 앞에서
앞만 보고 돈다

나도 서서히
돈다

## 내 고향 사재울강
*(푸른 내 유년이 건너던 강)*

- 배 건너유
흙 꽃 뒤집어쓰며 달려온 시외버스가
길을 막아선 사재울강 어부동 나루터에서
나루지기 할아버지를 큰 소리로 부르면
찌든 수건 이마에 두른 나루터지기 뱃사공
구멍 숭숭 뚫린 문살문을 지그리며 나온다

송사리 떼가 버스를 업은 뗏목을 밀어 주고
초가집 굴뚝 연기 같은 물풀이 물살을 헤쳐 주면
통나무 뗏목은 세월을 뒤밀이하며
건너가던 그 시절로 되돌아간다

푸른 내 유년이 건너던 사재울강
다시 볼 수 없는 물 무지개
이제는 꿈속에서 다시 만나리

## 홍시 *(익어 갈수록 달콤해지는 사랑)*

낡은 초가 뜰 감나무 가지에
한때 손길이 머물던 책갈피처럼
홍시 하나, 조용히 붉어지고 있다

저녁 바람에 흔들리는 우듬지 끝
떨어질 듯, 그러나 아직 남아 있는 것들
손 닿을 수 없는 거리에 선 채
나는 오래도록 그것을 바라본다

우물에 비친 달이 흔들릴 때
내 안에도 작은 떨림이 번지고
마침내 홍시는 스스로를 놓아준다

그렇게 한 계절이 지나가고
내 안에서 익어 가던
한 조각 그리움이
내 안에서 천천히 물든다

## 하얀 그리움 *(눈처럼 쌓이는 그대 생각)*

 - 뻥이요! 소리에 보리밥을 놓고 마을 회관으로 냅다 뛰었다 벌써 친구 철희는 찌그러진 냄비를 철모처럼 머리에 쓰고, 영채 아재는 구멍 난 고무신 들고 화포 앞에 앉아 있다 쌀, 옥수수, 가래떡 등 온갖 무기를 다 가지고 나온 동네 아주머니들이 입으로는 이야기꽃을 피우지만, 빙빙 돌아가는 화포에서 눈을 떼지 못한다 풍로가 잉걸불로 화포를 달구면, 세월을 돌리며 돌아가던 검은 화포가 "뻥이요!" 소리와 함께 마을 회관을 하얗게 들었다가 놓는다 이야기꽃과 웃음소리까지 데리고 하늘로 올라간 맛 구름이 눈송이가 되어 하얗게 쏟아지고 구수한 강냉이 향내로 온 동네가 맛있어진다 구멍 내려고 숫돌에 갈다 만 어머니 검정 고무신 한 짝을 들고 서 있는 나에게 뻥튀기 아저씨는 어릴 적 나의 라이파이*였다

기차 타고 고향 가는 대전역 광장 한구석
하얀 그리움을 튀기는 화포 앞에
튀밥처럼 모였다 흩어지는 사람들

먼저 간 벙어리 영철이 형도 보이고

황백이와 누렁이도 보이고
어릴 적 나도 보이네

맛난 구름처럼 모두 뿔뿔이 흩어졌고
영웅도 떠난 광장에는 나만 홀로
갈 길 몰라 서 있네


\* 라이파이: 볼거리도 읽을거리도 없던 1959년, 김산호의 인기 SF 만화책 제목이자 주인공 이름

## 난로 위의 양은 도시락
*(허기졌지만 따스했던 어린 시절의 기억)*

점심시간이 가까워질수록
뻘겋게 달궈지는 조개탄 난로
증기 기관차처럼 하얀 김을 푹푹 내뿜으며
교실 한가운데를 뜨겁게 달군다

한겨울 우리 집 처마 장작더미처럼
높게 쌓인 도시락들
쉬는 시간마다 위층으로 뒤바뀌는 자리 쟁탈전
오늘도 누군가는 새까맣게 탄 숯 밥을 먹어야 한다

늦은 봄 밤꽃 향기 같은 누룽지 냄새 진동하고
조개탄 타는 소리, 침 삼키는 소리
웅성이는 소리가 먼지처럼 교실 안을 가득 채운다

칠판엔 구구단이 콩자반처럼 흩어져 있고
호랑이 선생님의 목소리는 난로 열기 속에서
점심시간이 다가올수록 부옇게 번지지만
우리는 도시락만 바라보고 있었다

- 샘님, 수고 ~ 쏨니다~~~

반장 구령이 떨어지자마자
서둘러 달려가 꺼내 든 내 노란 양은 도시락
뚜껑을 여는 순간 퍼지는 탄내
아궁이 숯 검댕처럼 시커멓게 탄 밥
그 위로 고요히 내려앉는 어린 날의 허기

## 거떠리의 별 *(어둠을 뚫고 빛나던 삶)*

독학으로 익힌 침술과 글이
씨앗이 되어 농토를 일구고
까막눈 마을엔 학당의 불씨를 밝히셨네
버려진 들판마다 희망의 싹이 돋았지
그곳, 어둠을 뚫고 별 하나가 빛났네

당신이 길을 나설 때면
동네 사람들은 발걸음을 멈추고
옷깃을 여미며 길을 내주었네
그 앞에서는 누구나 고개를 숙였지
하늘에 닿은 별을 우러르듯

팔작지붕 대청, 너른 마당에선
황소와 염소의 숨결로 하루가 열리고
봄 가뭄조차 품어 낸 석축처럼
농촌의 개혁을 틔우던 손길
그 삶은 거떠리의 별빛이었네

빈 들판에 희망을, 어둔 골짜기에 빛을
하늘의 별이 내려와 거떠리에 머물렀네

잊힌 땅, 거떠리에는 매곡 할아버지 덕에
밝은 별빛이 가득했으니,
님 덕분에 우리 모두 행복했습니다
그리고 존경합니다

## 시묘살이 할미꽃
*(산소 곁을 지키는 꽃의 노래)*

양지바른 삼밭골 부모님 산소
봉분 옥탑방에 이사 온 할미꽃

어머니 흰 머리카락같이
봄바람에 나부끼는 은빛 터럭

부모님 머리맡에 앉아서
할미꽃 노래 불러 주는
은빛 호호 할미꽃

산새나 드나드는 산 날망 선영
나를 대신해 시묘살이 해 주는 할미꽃
숙인 머리를 차마 들 수가 없네

## 시작 1 (어둠 속 한 줄기 빛)
### - 희망을 찾아 나서는 여정 -

저녁별 하나 가슴에 품고
달빛에 길을 물었다

먼바다 떠나는 배의 북극성처럼
길 잃은 이의 마음속에서
부나비처럼 뜨겁게 타오르고 싶었다

눈발 속에 떨리는 언어
문장의 칼끝은 날카롭고
보이지 않는 항로 끝에서
단 한 줄의 시를 건져 올린다

흘려 쓴 메모지에서 태어난
한 편의 시
제목만이라도 누군가의
머리맡을 밝히는 등불이 되어
영원히 지지 않기를

나는, 어둠 속
한 줄기 빛이고 싶다

## 시작 2* (시를 쓰는 일)
### - 말로 다 못 해 시가 되어 흐르는 마음 -

중지 펜 혹으로 검은 잉크가 스며든다
고요한 우물에서 퍼 올린 단어들이
침묵의 벽을 넘어 흰 종이 위로 스민다

한 자 한 자 꾹꾹 눌러쓴 글자들은
닳아 붙은 관절을 풀어 주는 주문처럼
나를 세상 밖으로 이끌어 냈다

종이 위에 피어나는 검은 꽃잎
마음속에 갇혀 있던 하얀 감정들이
하나둘씩 물들며 펼쳐지기 시작했다

시를 쓰는 일은 잊힌 시간을 잇는 강
고통스러운 과거를 꿰매는 바늘
그리고 내일을 향해 나아가는 나침반

시를 통해 매일 다시 태어나는 나
영혼 깊은 곳에서 깨어날 때마다
나의 시는 바람을 타고 멀리 퍼져 나간다

* 각 부에 같은 주제의 시 13편을 싣고 시적 변주와 읽는 재미를 위해 소제목과 다른 주제의 시를 각 부 끝에 2편씩 실었습니다.

# 제4부 「고향」을 마치며

### - 사재울 강가에서 -

"돌아갈 순 없어도 늘 되돌아보는 자리.
고향은 시간이 흘러도 지워지지 않는
가장 오래된 시의 첫 문장이다."

**해설**

# 물이 된 고향, 시가 된 삶

한욱희 시인의 두 번째 시집 『사재울 강가에서』를 읽고 나면, 마음속에 조용한 물결이 일어난다. 그 물결은 눈물이고, 기억이며, 때로는 노래이다. 시인이 떠나온 고향, 지금은 대청댐 아래 물에 잠겨 버린 마을 '사재울'은 단지 한 지명이 아니라, 이 시집 전체의 정서적 토대이자 시적 영혼의 발원지다.

그곳은 현존하지 않는 공간이기에 더 선명하게 시인의 마음에 살아 있다. 시인은 그 기억 속 고향을 '사재울강'이라 부르고, 그 강가에서 다시금 시를 길어 올린다. 시 속에 등장하는 벙어리 영철이 형, 친구 같은 영채 아재, 검정 고무신을 신은 순이 같은 인물들은 단지 과거의 풍경이 아니라, 시인의 영혼에 맺힌 별빛들이다. 그 별빛들이 모여 이 시집을 빛나게 한다.

이 시집의 가장 큰 미덕은 단순한 고향의 회고에 머무르지 않는다는 데 있다. 시인은 물에 잠긴 고향을 떠올리며 울지 않는다. 오히려 그 속에서 피어난 꽃들,

흘러간 강물의 반짝임을 끌어안는다. 그것이 바로 시인의 품격이다.『사재울 강가에서』는 사라진 것에 대한 애통이 아니라, 사라져 간 것들을 품어 내는 따뜻한 사랑의 언어다.

"나는 대청댐 건설로 수장된 고향의 이야기를 전하기 위해 시를 쓴다."라는 시인의 말이 이 시집 전체를 설명한다. 단어 하나, 문장 하나에도 진심이 실려 있는 시인의 시를 읽다 보면 그가 얼마나 깊은 책임감으로 언어를 다듬어 왔는지를 알 수 있다.

시집은 네 부분으로 나뉘지만, 그것은 마치 한 줄기 강이 산을 지나 평야를 흐르다 바다로 나아가는 흐름과 같다. 제1부 '인생'에는 시인의 삶의 여정과 세월에 대한 성찰이 담겨 있고, 제2부 '자연'에는 존재와 순환에 대한 사색이, 제3부 '사랑'에는 인간의 연약하고도 뜨거운 감정들이 차곡차곡 쌓여 있다. 제4부 '고향'은 향수 속에 흐르는 사재울강의 과거와 현재이다.

시인의 언어는 단정하다. 격정을 토로하지 않으며, 문장은 소박하고, 때로는 슬프도록 담백하다. 그러나 바로 그 소박함 속에서 눈물이 흐르고, 그 담백함 속에서 인생의 깊은 무늬가 배어난다. "나는 조용히 발을 떼어 / 다시, 길 위에 선다 / 끝이 곧 새로운 시작임을 믿으며" 이 구절 하나만으로도 이 시집이 왜 특별한지를 설명할 수 있다.

『사재울 강가에서』는 단지 한 시인의 회고록이 아니다. 그것은 우리 모두의 마음속에 흐르고 있는 '고향'의 이야기이며, 그 강가에서 마주친 자신에 대한 깨달음이기도 하다. 시인은 말없이 독자의 손을 잡고 그 강가로 데려간다. 그리고 그곳에서 말한다. "괜찮다, 지금까지 잘 살아오지 않았느냐?" 시집을 덮고 난 뒤에도 오래도록 마음에 맴도는 이 속삭임은, 어쩌면 시가 할 수 있는 일 중 가장 큰 위로일 것이다.

이 시집은 고향을 물에 떠나보낸 이들만의 책이 아니다. 누구든 무엇인가를 잃어 본 이들에게, 그것을 사랑했던 모든 이들에게 열려 있는 한 권의 고요한 위로다. 무너지지 않기 위해, 울부짖는 대신 짓는 시. 그리하여 우리 모두의 마음속에 흐르는 또 다른 사재울강을 건너는 시집.

『사재울 강가에서』는 단순한 시의 모음이 아니라 인

생 전체를 관통하는 강의 흐름과도 같다. 이 시집은 떠나온 고향에 대한 시인의 사랑이자, 우리 모두의 잃어버린 시간을 위한 조용한 기도문이다.

2025년 4월
棄憂堂 韓明喜(哲學博士 / 詩人, 小說家)

## 에필로그

　사재울 강가에 조용히 앉아
지나온 나날을 떠올렸습니다.
그리고, 비로소 알게 되었습니다.

　살아온 그 모든 시간이 이미
시였다는 것을요

　이 시집은
내 삶의 물가에서 천천히 써 내려간
한 권의 기록입니다.

　살아온 시간, 스쳐 간 사람들,
그리고 머물다 떠난 계절들까지
모두 내 안에서 시가 되어 흘러갔습니다.

　『사재울 강가에서』를 펼쳐 든
당신의 마음에도
작은 강물 하나 흐르기를 바랍니다.

당신 하루 끝에
이 시집이 조용한 물소리처럼
머물 수 있다면,

그보다 더 고마운 일은 없겠습니다.


2025년 봄

晴海 韓旭熙